SAINTE

THEUDOSIE.

AMIENS, 8 SEPTEMBRE 1853.

SAINTE

THEUDOSIE.

On se propose, en publiant cette Notice, de communiquer aux fidèles de la ville et du diocèse d'Amiens quelques renseignements, quelques notions qui ne seront peut-être pas inutiles pour les aider à bien comprendre toute la signification de la fête qu'on prépare à la Sainte Martyre Amiénoise. Ils ont appris que sainte Theudosie a été trouvée dans les catacombes de Rome, dont quelques-uns d'entre eux ne savaient peut-être pas le nom. Il nous a semblé convenable de leur en donner d'abord quelque idée, et de leur faire connaître particulièrement celui de ces souterrains sacrés où l'on a découvert son corps et sa tombe. Nous résumerons ensuite les indices que l'on a pu recueillir sur l'époque de son martyre, nous interrogerons son épitaphe. Quelques réflexions sur le caractère de la solennité, destinée à célébrer son retour parmi nous, termineront cette notice qui s'adresse, non à la curiosité des savants, mais à la piété des fidèles.

I.

CATACOMBES DE ROME.

La campagne de Rome renferme des souterrains qui remontent aux premiers siècles du christianisme, et que nous désignons, en France, sous le nom général de catacombes. Ces souterrains ont été creusés dans une espèce de tuf, formé par une matière volcanique qui a recouvert le sol à une époque très-reculée. Deux ou trois, plus rapprochés du Tibre, percent des bancs de sable fluviatile ou marin. Presque toutes ces catacombes, dont quelques-unes ont plus d'un étage, sont situées, non dans les bancs fonds, sujets à l'humidité, mais dans les flancs des petites collines qui s'élèvent de toutes parts dans la campagne romaine, ou sous les plateaux qui s'y rencontrent.

La plupart de ces excavations sont probablement d'origine chrétienne. Il est certain du moins que les chrétiens des premiers siècles les ont arrangées de manière à les faire servir à la double destination qu'ils leur ont donnée. Ils y enterraient leurs morts, et ils s'y réunissaient pour la célébration du culte : c'était à la fois des cimetières et des églises. A Rome, le christianisme a eu son berceau dans ces tombes. Tandis que la capitale du monde payen s'endormait dans l'ivresse des plaisirs et dans les rêves de son ancienne gloire, le christianisme creusait au-dessous d'elle une Rome souterraine, où il préparait la chute du paganisme avec des tombeaux et des prières. Cette mine a été ouverte du temps même des Apôtres, sous le règne de Néron. Elle a été agrandie dans les deux siècles suivants. Des excavations, qui élargissaient les cimetières déjà existants ou qui en créaient de nouveaux, se multipliaient dans les diverses parties de la campagne, à une distance peu considérable de la ville, et, vers la fin du troisième siècle, les catacombes avaient fini par former autour de Rome une ligne que l'on peut comparer à celle que présente une enceinte de forts détachés.

L'intérieur de ces souterrains n'est pas facile à décrire. On peut du moins « se représenter vaguement des labyrinthes presque indescriptibles, dans lesquels cent chemins droits, obliques, brisés, sinueux, serpentent, se coupent et s'entrelacent à l'infini, les uns impénétrables aujourd'hui, parce qu'à l'extrémité qui aboutit au sentier que vous parcourez ils sont fermés par des murs ou par des monceaux de terre ; les autres vous ouvrant, à droite et à gauche, des profondeurs inconnues, où les pas des visiteurs n'osent point se hasarder : tout cela plein de tombeaux, de la poussière des vieux siècles, de recoins étranges, d'histoires tragiques, de sorte que ces lieux, avec les mille plis et replis de leurs sentiers et de leurs mystères, conviennent très-bien pour être des palais de la mort, qui est si pleine elle-même de surprises, de secrets terribles, et qui suit souvent, pour frapper ses coups, des routes aussi tortueuses. De chaque côté de ces corridors, on a pratiqué, dans le mur, pour y déposer les cadavres, des espèces de niches oblongues, placées horizontalement ; elles sont superposées les unes aux autres, de manière à former deux ou trois rangs de sépulcres, parfois six ou sept, et même jusqu'à douze dans les endroits où l'on a travaillé dans un tuf plus solide. On dirait les rayons d'une bibliothèque où la mort rangeait ses œuvres.

Lorsqu'un corps avait été confié à une de ces niches, on la fermait avec des briques, des pierres ou des plaques de marbre. Assez souvent les ouvriers fermaient l'entrée d'un corridor tout entier, en même temps qu'ils en creusaient d'autres : la terre provenant des nouvelles galeries servait à clore quelques-unes de celles où les morts étaient au complet, comme on ferme la porte d'un grenier où l'on a entassé autant d'épis qu'il peut en contenir. Plusieurs ont été bouchées beaucoup plus tard, soit par des éboulements, soit à dessein, par mesure de prudence ou de nécessité. Lorsqu'on ouvre un corridor qui n'a pas encore été exploré, on reporte quelquefois les déblais à l'entrée de ceux d'où l'on a retiré les saintes reliques, de sorte que ceux-ci, après avoir été fermés autrefois parce qu'ils étaient pleins, sont fermés de nouveau parce qu'ils sont vides. Ces galeries mortuaires sont en général étroites, l'air y est épais et lourd, et le terrain presque partout exempt d'humidité. De temps en temps l'espace s'élargit, et vous respirez plus à l'aise en arrivant à des chambres sépulcrales, à des chapelles qui conservent encore des peintures antiques, et quelquefois à un baptistère. Dans plusieurs de ces cimetières, il y avait, de distance en distance, des soupiraux carrés qui faisaient pénétrer un peu d'air dans quelques chambres de Rome souterraine. On rencontre aussi un puits par lequel les chrétiens descendaient d'une carrière dans le cimetière creusé au-dessous. De ces demeures funèbres, la plus riche en souvenirs est celle qui se trouve près de la basilique de Saint-Sébastien, mais elle n'a guère que des tombeaux vides dans la partie que l'on fait parcourir aux visiteurs : comme elle est ouverte depuis longtemps à tout le monde, et qu'un immense public moderne a passé par là, elle semble avoir perdu, par ce frottement continuel, quelque chose de son lustre d'antiquité. Elle n'offre pas sous ce rapport, autant de charmes que d'autres souterrains moins fréquentés. Vous retrouvez dans ceux-ci un certain nombre de tombeaux fermés et pleins : dans des niches ouvertes, de vieux ossements se laissent toucher ; çà et là quelques fragments antiques de verre ou de marbre. Ces catacombes sont plus fraîches de vétusté, et font mieux sentir les temps primitifs. On ne les visite ordinairement que lorsqu'une société assez nombreuse est réunie. Ces caravanes funèbres sont souvent composées de personnes appartenant à diverses nations, qui s'entrevoient un instant dans un cimetière souterrain, à la lueur d'une torche, pour ne plus se revoir sous le soleil. Malheureusement tous n'y apportent pas ces dispositions religieuses, ou du moins ce sentiment des convenances que de pareils lieux devraient inspirer. Le recueillement avec lequel on aimerait goûter toutes leurs impressions est maintefois troublé par les bavardages les plus déplacés, par une gaîté insolente pour les vivants et pour les morts. Malgré cela, une visite aux catacombes fait un effet solennel et profond. On ne peut rencontrer nulle part une aussi vive apparition des premiers âges du christianisme. La source d'eau de l'antique baptistère, préservée de tout usage profane, coule toujours pure comme la grâce dont elle est l'emblème. Cette longue file de flambeaux, portés par les visiteurs qui, dans ces étroites galeries, marchent à la suite l'un de l'autre, figurent assez bien les processions qu'y faisaient les premiers chrétiens, lorsqu'ils y rapportaient le corps d'un martyr, où qu'ils y célèbraient quelque autre fête ; et les quinze siècles de silence, qui planent sous ces voutes, permettent presque d'entendre encore les pas des générations héroïques. Durant ces siècles immobiles, nul bruit du monde, excepté à l'époque des incursions de quelques hordes Lombardes, n'a eu d'écho dans ces lieux, nulle poussière nouvelle n'y a recouvert les chemins, nulle révolution politique n'est venue y laisser quelque trace des agitations des hommes, qui mesurent pour nous la durée. Le temps y est comme un désert : les époques lointaines s'y rapprochent de vous, comme les distances se raccourcissent, par l'absence d'objets intermédiaires, dans la solitude de l'Océan (1). »

La Providence a tenu en réserve, pour l'époque moderne, la connaissance d'une grande partie de ces souterrains, qui a été invisible pendant plusieurs siècles du moyen âge. L'usage d'enterrer dans les catacombes avait cessé au cinquième siècle après l'invasion des barbares. Dans la période suivante, les Papes en ont fait extraire une immense quantité de reliques, qui ont été transportées

______

(1). *Esquisse de Rome chrétienne*, par l'abbé Gerbet. t. I p. 154.

dans l'intérieur de Rome où elles étaient plus à l'abri des profanations. La plupart des catacombes ont fini par n'être plus fréquentées. Les ouvertures, par lesquelles on y pénétrait, ont été obstruées, soit par l'effet des changements qui se sont opérés à la surface du sol, soit parce qu'elles avaient été fermées à dessein pour garantir les souterrains sacrés des incursions qui eussent souillé la sainteté de leurs autels, ou troublé la paix de leurs tombes. Au seizième siècle, on s'est mis à rechercher les catacombes perdues, à visiter, avec le flambeau de l'érudition, celles qui étaient toujours restées accessibles. Des travaux lumineux ont marqué l'aurore de la science qui venait éclairer leurs sombres galeries. L'étude de leurs monuments, de leurs inscriptions, de leurs tableaux, de leur architecture, a fait jusqu'à nos jours des progrès continus. Mais on est encore loin de les avoir toutes retrouvées. Les anciens documents donnent une liste d'environ soixante cimetières chrétiens des premiers siècles : ceux que la science explore ne dépassent guère le nombre de vingt. On ne connait donc jusqu'à présent que le tiers à peu près de Rome souterraine. Cette circonstance, qui laisse bien des regrets aux archéologues du dix-neuvième siècle, ouvre, en espérance du moins, de belles perspectives aux recherches futures.

Quoiqu'elles aient encore une foule de secrets à nous révéler, les catacombes remplissent déjà, d'une manière éminente, les fonctions que leur assigne leur double caractère de cimetières et d'églises. Elles sont, dans l'ordre des monuments, ce qu'est une oraison funèbre de Bossuet dans l'ordre de la parole humaine. Elles ont une merveilleuse éloquence pour retracer à l'homme sa misère et sa grandeur, pour l'abattre et le relever, pour rendre témoignage à son néant par les ruines humaines qu'elles étalent, et à son éternité par les vérités qu'elles proclament. Il n'y a pas de lieu au monde plus favorable aux méditations sur l'inanité des choses qui n'ont rien d'un peu durable que leur poussière. Celui qui aurait fait dix pas dans ces souterrains sans ouvrir son âme aux graves pensées qu'ils inspirent aurait le cœur plus fermé qu'un tombeau. Rien ne peut rendre l'effet que produit la vue de ce panorama funèbre. Nos cimetières, situés à la surface du sol, recouvrent les mystères de la mort : les catacombes nous les dévoilent. « Dans un certain nombre de niches sépulcrales qui ont été ouvertes à diverses époques, on peut suivre, en quelque sorte, pas à pas, les formes successives, de plus en plus éloignées de la vie, par lesquelles ce qui est là arrive à toucher, d'aussi près qu'il est possible, au pur néant. Regardez d'abord ce squelette : s'il est bien conservé , malgré tous ses siècles , c'est probablement parce que la niche où il a été mis est creusée dans un terrain qui n'est pas sec. L'humidité , qui dissout tant d'autres choses, durcit ces ossements en les recouvrant d'une croûte qui leur donne plus de consistance qu'ils n'en avaient lorsqu'ils étaient les membres d'un corps vivant. Mais cette consistance n'en est pas moins un progrès de la destruction : ces ossements d'homme tournent à la pierre. Un peu plus loin, voici une tombe dans laquelle il y a une lutte entre la force qui fait le squelette et la force qui fait la poussière : la première se défend, la seconde gagne, mais lentement. Le combat qui existe en vous et en moi entre la mort et la vie sera fini, que ce combat entre une mort et une mort durera encore longtemps. Dans le sépulcre voisin , tout ce qui fut un corps humain n'est déjà plus, excepté une seule partie, qu'une espèce de nappe de poussière, un peu chiffonnée, et déployée comme un petit suaire blanchâtre, d'où sort une tête. Regardez enfin dans cette autre niche : là, il n'y a décidément plus rien que de la pure poussière, dont la couleur même est un peu douteuse, à raison d'une légère teinte de rousseur. Voilà donc, dites-vous, la destruction consommée! Pas encore. En y regardant bien, vous reconnaîtrez des contours humains : ce petit tas, qui touche à une des extrémités longitudinales de la niche, c'est la tête ; ces deux autres tas, plus petits encore et plus déprimés, placés parallèlement un peu au-dessous, à droite et à gauche du premier , ce sont les épaules ; ces deux autres, les genoux. Les longs ossements sont représentés par ces faibles traînées dans lesquelles vous remarquez quelques interruptions. Ce dernier calque de l'homme, cette forme si vague, si effacée, à peine empreinte sur une poussière à peu près impalpable, volatile, presque transparente, d'un blanc mat et incertain, est ce qui donne le mieux quelque idée de ce que les anciens appelaient une ombre. Si vous introduisez votre tête dans ce sépulcre pour mieux voir, prenez garde : ne remuez plus, ne parlez pas, retenez votre respiration. Cette forme est plus frêle que l'aile d'un papillon, plus prompte à s'évanouir que la goutte de rosée suspendue à un brin d'herbe au soleil ; un peu d'air agité par votre main, un souffle, un son deviennent ici des agents puissants qui peuvent anéantir en une seconde ce que dix-sept siècles, peut-être, de destruction ont épargné. Voyez : vous venez de respirer, et la forme a disparu. Voilà la fin de l'histoire de l'homme en ce monde (1). »

Tels sont les avertissements que nous donnent ces longues rues de tombeaux, tel est leur témoignage sur le néant de l'homme. Mais elles rendent un autre témoignage, elles ont une autre voix encore plus éloquente. La pensée de l'immortalité est l'âme des catacombes bien plus que la pensée de la mort. Les vérités chrétiennes, qui forment le point de jonction des deux mondes, y percent de toutes parts. La foi immuable y a son expression dans une parole immobile. Leurs monuments sont les témoins irrécusables des enseignements primitifs du christianisme : la prédication des Apôtres est stéréotypée sur ces murs. Vous y lisez de vos yeux, vous y touchez de vos mains le culte, les usages, les croyances des premiers fidèles. On peut dire qu'il a suffi d'y souffler sur la poussière des siècles qui ont passé entr'eux et nous, pour retrouver leurs sentimens dans toute leur vivacité, dans toute leur fraîcheur native, et pour constater qu'ils sont identiques aux nôtres. Dans les catacombes, comme dans nos églises, tout se rapporte aux mystères de la rédemption. Voyez cet autel renfermant les restes d'un martyr, surmonté d'une image qui représente le miracle de la multiplication des pains, emblème de l'Eucharistie, et près duquel on a taillé dans le tuf des crédences, semblables à celles où l'on place, de nos jours, les petits

(1) *Ibid.* p. 179.

vases qui renferment le vin et l'eau pour le saint sacrifice : ne reconnaissez-vous pas, au premier coup d'œil, sa parenté avec nos autels d'aujourd'hui? Vous trouvez, non loin de là, le fauteuil, en pierre, de l'évêque, du président de la cérémonie religieuse. Sa position permettait au personnage à qui il était destiné de se faire entendre de l'assemblée toute entière : il a servi pour les premières homélies, pour les premières ordinations. On rencontre, dans des cryptes voisines, d'autres sièges bien remarquables aussi : chacun d'eux est situé de telle sorte qu'il semble n'avoir pu convenir à celui qui y était assis que pour un entretien isolé et secret, comme celui qui a eu lieu dans la confession auriculaire. Les principaux sacrements sont figurés par des peintures symboliques. Un tableau où l'on a reconnu le style du second siècle vous présente la Sainte Vierge portant dans ses bras l'Enfant Jésus : placé dans l'endroit le plus sacré, immédiatement au-dessus de l'autel, il atteste que la Femme bénie entre toutes les femmes était vénérée dès lors comme la mère de miséricorde. Vous voyez son image, vous lisez son nom sur une de ces médailles en verre que ces antiques tombeaux nous ont conservées. Un autre tableau retrace une pieuse fille recevant des mains de l'Evêque son voile de religieuse : la loi du jeûne qui sert de préparation à la fête de Pâques a été écrite sur le piédestal d'une statue. Les protestants s'arrêtent tout pensifs devant les épitaphes qui rendent témoignage à l'invocation des saints et à la prière pour les morts. D'autres épitaphes, qu'il serait trop long d'énumérer ici, sont aussi un acte de foi à nos dogmes. Beaucoup d'autres, sans avoir un caractère dogmatique , expriment du moins l'élévation et la pureté des sentiments nouveaux que le christianisme faisait entrer dans le cœur de l'homme. Parmi cette collection immense d'inscriptions, il y en a un grand nombre qui semblent, à la première vue, n'avoir rien d'instructif, parce qu'elles ne renferment guère que le nom du défunt et le jour de sa sépulture. Mais, si chacune d'elles, prise isolément, paraît insignifiante, leur ensemble a une très-belle signification chrétienne. Il l'a, non par les mots qu'on y lit, mais par ceux qu'on n'y lit pas. Le nom d'esclave, que l'aristocratie de Rome payenne faisait graver de temps en temps sur la tombe de ses serviteurs, comme un signe de l'opulence de leurs maîtres, ce nom ne figure pas dans une seule des neuf mille inscriptions ou fragments d'inscriptions chrétiennes recueillies dans les catacombes. Le christianisme supprimait ce mot sur les tombeaux, en attendant qu'il put l'effacer dans les lois et dans les âmes.

Mais ces monuments de pierre, quelqu'intéressants qu'ils soient, ne sont pas ce que les catacombes ont de plus précieux pour la piété. Elles ont des monuments à la fois humains et surhumains, tenant de la mort et de l'immortalité, ruines vivantes, inanimées comme la poussière, et puissantes par le souffle de vie que les plus saintes âmes y ont laissé. Ce sont ces corps de martyrs, qui ont été les temples de Dieu, qui deviennent les gardiens de nos autels, qui seront les chefs de la résurrection future. Ils ne sont pas morts, s'écriait au quatrième siècle saint Jérôme, et, après lui, saint Chrysostome, car ils vivent, non pas seulement par le culte qui leur est rendu, mais surtout par

les grâces qu'ils communiquent, par les prodiges qu'ils
opèrent. Lorsque les persécuteurs leur avaient dit en leur
montrant les idoles : sacrifiez, ou mourez, ils avaient ré-
pondu : nous ne sacrifierons pas et nous ne mourrons pas.
Ce mot sublime, qui exprimait leur foi à la vie immortelle
des justes, s'est vérifié aussi dans leur immortalité terrestre.

Les catacombes de Rome sont incontestablement, par
leur vaste étendue, et par l'innombrable quantité de corps
saints qui les ont peuplées , le chef-lieu de toutes les
cryptes du monde chrétien. Quelque spacieuses qu'elles
fussent , les rangs y étaient pressés, les places vides s'y
remplissaient vite. Sauf quelques intermittences dans les
persécutions, des générations de martyrs , tombant les
unes sur les autres , se couchaient chaque année dans
ces sépulcres. Elles ont été recueillies dans ces re-
traites souterraines , comme on entasse, dans un lieu
bien fermé , des gerbes d'épis abattus par un orage. La
papauté a veillé avec une religieuse sollicitude sur cette
riche moisson, pour la distribuer successivement, suivant
les demandes et les besoins de la piété, aux églises de tous
les siècles et de tous les lieux. De même que l'Eglise a
pris soin, à cette époque primitive, d'attacher à ces tombeaux quelque marque qui ne permît pas de les confondre avec ceux dont la sainteté était incertaine, de même,
depuis l'époque où l'exploration des catacombes a recom-
mencé , elle use de la plus grande circonspection pour
discerner ces tombes sacrées, pour y vérifier les signes
antiques qui formaient comme le timbre du martyre. Ces
signes sont de plusieurs espèces : quelquefois les épita-

phes suffisent, soit parce qu'elles indiquent le genre de mort, soit parce qu'elles offrent incontestablement les noms de quelques martyrs célébres dans l'histoire. Souvent c'est la fiole de sang, comme pour sainte Theudosie, la palme triomphale placée en guise de couronne près de la tête. De temps en temps des instruments de supplices, des débris sanglants complétent la signification de quelques autres particularités caractéristiques. Nous ne pouvons avoir la pensée de faire ici une dissertation sur ce sujet, nous serions obligés, pour le traiter convenablement de dérouler une longue suite de citations et de remarques que l'étendue d'une simple notice ne nous permet pas d'y renfermer. Du reste, on connaît assez la prudente réserve du Saint Siége, les précautions dont il s'entoure, lorsqu'il s'agit d'inscrire un nouveau nom dans ce vieux catalogue des saints qui a commencé avec le christianisme : les protestants eux-mêmes ont rendu hommage, sous ce rapport , à son admirable sagesse. Les règles sévères qu'il suit à cet égard ne permettent pas d'accepter des données simplement plausibles , comme plusieurs de celles qui figurent dans les arguments de l'archéologie profane. Les tribunaux déclarent souvent la culpabilité d'un homme vivant sur des preuves bien moins fortes que celles qui sont exigées par la Congrégation des Rites pour prononcer sur la sainteté d'un mort. C'est après cette vérification presque minutieuse qu'elle permet d'exposer un corps saint à la vénération des fidèles : l'église à qui Rome fait ce précieux cadeau reçoit en même temps les certificats qui constatent son authenticité. Le Souverain Pontife a fait plus encore pour notre Sainte Amiénoise : il a voulu que son office fût inséré dans notre liturgie, qu'on célébrât la messe en son honneur dans toutes les paroisses, qu'on lui consacrât une fête annuelle qui prît place parmi nos solennités les plus saintes. L'assistance divine, qui dirige le Saint Siége dans les prescriptions du culte si étroitement lié à la foi, vient sceller en quelque sorte les autres garanties, appuyées sur les précautions les plus scrupuleuses que la prudence humaine puisse inspirer.

Mais, si nous n'avons pas à rassurer la dévotion des fidèles sur le caractère sacré du trésor qui nous est rendu, leur pieuse curiosité ne serait peut-être pas satisfaite si nous ne leur donnions ici quelques renseignements particuliers sur l'antique souterrain où sainte Theudosie, à l'époque même de sa mort, a été déposée dans les rangs de ce peuple de martyrs (1), qui formait, suivant une expression du temps, le grand concile des catacombes (2).

II.

SOUTERRAIN OU LE CORPS DE SAINTE THEUDOSIE A ÉTÉ TROUVÉ.

Ces catacombes sont situées près de la voie Salare, ainsi nommée parce que c'est par elle que les Sabins transportaient dans leurs montagnes les provisions de

(1) Tantos justorum populos furor impius hausit,

Cum coleret patrios Troia Roma Deos.

(*Prudentius ad Valerian.* hymn. XI.)

(2) Nemesius autem gratiâ Christi roboratus circuibat cryptas et Concilia martyrum. (*Acta S. Stephani.*)

cel qui se faisaient sur les bords de la mer. Elle a été
célèbre dans les annales de nos ancêtres : les Gaulois
étaient arrivés par cette route sous les murs de Rome,
lorsqu'ils y entrèrent sous la conduite de Brennus.

La voie Salare, sur les bords de laquelle les anciens
Romains avaient construit de superbes édifices, est devenue bien plus illustre par les souterrains sacrés creusés
dans les environs. Le plus fameux, le plus riche en reliques de martyrs et en monuments des arts, est le cimetière de Sainte Priscille. Mais celui qui porte le nom de
Saint Hermès a aussi une place distinguée parmi les
antiquités chrétiennes. Son origine est antérieure à
l'an 140 de notre ère. Saint Hermès, préfet de Rome, a
été martyrisé sous le règne de l'empereur Adrien. Il fut
inhumé dans ce cimetière, où sa sœur Théodora, qui
mourut également pour la foi, ne tarda pas à le rejoindre.
Ce souterrain a aussi été désigné sous le nom de Sainte
Basille, et sous celui des Saints Protus et Hyacinthe,
célèbres martyrs du temps de Valérien. Au quatrième
siècle, le pape saint Damase fit graver, à l'endroit de
leur sépulture, les deux épitaphes suivantes qu'il avait
composées lui-même :

« Une tombe était cachée à l'extrémité du souterrain
« qui s'étend sous cette colline : Damase la signale aux
« regards , parce qu'elle renferme les membres des
« saints.

« C'est la tienne, ô Protus, qui as retrouvé un asile
« meilleur dans le palais du ciel; la tienne aussi, ô
« Hyacinthe, qui as suivi la même route en traversant
« l'épreuve du sang. »

« Ils étaient frères, ils avaient tous deux une grande
« âme. En marchant à la victoire, celui-ci a mérité
« le premier la palme du combat ; l'autre, la cou-
« ronne (1). »

La seconde épitaphe est ainsi conçue :

« Regarde cette descente, tu verras au bout une chose
« admirable, car cette rampe te conduit aux monuments
« des saints, dont tu pourras contempler le sépulcre. Là
« se trouve la tombe des martyrs Protus et Hyacinthe.

« Depuis longtemps la mort, la terre, la nuit cou-
« vraient ce tombeau : le prêtre Théodore a pris soin de
« l'orner, et d'élargir autour de lui l'espace pour y rece-
« voir le peuple de Dieu (2). »

On voit par là que la crypte, où reposaient les corps
de ces deux martyrs, attirait dès cette époque un grand
concours de fidèles. C'est ce que nous apprend aussi un
calendrier romain, composé au quatrième siècle sous le
pape Libère. Il ne contient que trente-cinq fêtes principales, et il marque celle des saints Protus et Hyacinthe,

(1) Extremo tumulus latuit sub aggere montis ;
   Hunc Damasus monstrat servat quod membra piorum :
   Te Protum retinet melior tibi regia cœli,
   Sanguine purpureo sequeris, Hyacinthe, probatus.
   Germani fratres, animis ingentibus ambo :
   Hic victor meruit palmam prior, ille coronam.

(2) Adspice descensum, cernes mirabile factum,
   Sanctorum monumenta videns patefacta sepulcris.
   Martyris hic Proti tumulus jacet atque Hyacinthi,
   Quem cùm jamdudum tegeret mors, terra, caligo,
   Hunc Theodorus opus construxit presbyter instans,
   Ut Domini plebem opera majora tenerent.

comme étant célébrée, le troisième jour des ides de septembre, dans le cimetière de Basille (1).

Ces particularités nous font concevoir ce qui est arrivé
pour les reliques de sainte Theudosie. Nous voyons en
effet, d'une part, que la tombe de ces deux grands martyrs étaient alors un centre de cérémonies religieuses,
et néanmoins il parait, d'autre part, d'après les épitaphes
qui leur ont été consacrées par saint Danase, qu'elle était
enfouie, cachée quelques années auparavant, quoi qu'à
cette époque les catacombes fussent très fréquentées par
les fidèles, qui s'y rendaient pour assister au service
divin, ou pour accompagner jusqu'au lieu de la sépulture
le convoi des morts. Pourrait-on s'étonner, après cela,
qu'à la suite de la longue période du moyen-âge, où plusieurs catacombes avaient disparu, où, dans plusieurs
endroits, les voies sépulcrales avaient été obstruées par des
éboulements, un grand nombre de tombeaux soient restés
invisibles, comme celui de notre sainte martyre, jusqu'au moment où une fouille heureuse les a révélés?

Le cimetière des Saints Protus et Hyacinthe, plus géné-
ralement connu sous le nom de Saint Hermès, possède
une église souterraine très remarquable. Elle fixe aujour-
d'hui, d'une manière spéciale, l'attention des archéologues qui veulent étudier la transition de l'architecture des
catacombes à celle des basiliques romaines du quatrième
siècle. Le document que nous avons sous les yeux lui
donne environ vingt mètres de long sur six de large.
L'abside était jadis ornée de peintures représentant, à ce

(1) III. Id. (septemb.) Prothi et Hyacinthi in Basillæ. (*Calend. Rom.
publié par Boucher.*)

qu'il paraît, le Sauveur et des anges; vers le sommet elle avait une ouverture carrée, destinée à faire pénétrer un peu d'air dans l'intérieur. Quatre colonnes latérales, rangées deux par deux, soutiennent la voûte. Dans un des côtés sont pratiquées plusieurs portes cintrées ou quadrangulaires, par lesquelles cette église communique avec les galeries sépulcrales du souterrain dont elle fait partie. Une autre porte cintrée, mais plus haute, est située à l'extrémité qui fait face à l'abside. Cette petite église est une des plus grandes qu'il y ait dans les catacombes. L'architecte inconnu, qui l'a fait creuser dans les profondeurs de la terre, n'entrevoyait pas, dans l'avenir, que quelques-unes des tombes, cachées autour d'elle, reposeraient dans des temples qui font monter leurs flèches dans les nues; mais, lorsqu'il lui venait, ainsi qu'à ses fossoyeurs, quelque pensée de découragement en travaillant à cette architecture occulte et proscrite, ils levaient les yeux vers ce temple invisible dont saint Jean a fait la description, et ils reprenaient leur bêche avec courage.

Le cimetière de Saint Hermès a conservé plusieurs de ses antiques peintures à fresque. Nous distinguons d'abord, parmi elles, l'image du Bon Pasteur, portant sur ses épaules la brebis égarée, et ayant à ses côtés deux brebis fidèles; c'est un des types le plus fréquemment reproduits. Les artistes de cette époque, dirigés par le clergé dans le choix de leurs sujets, se sont plu à multiplier, à prodiguer cette douce et consolante figure sur les sombres murs des chapelles sépulcrales : c'est que, dans tous les temps, le plus grand besoin de l'homme a été la pensée de la miséricorde de Dieu. Nous y remarquons aussi la guérison de l'aveugle-né : il est aisé de reconnaître la signification que la peinture symbolique des catacombes attribuait à cette composition. L'homme est, par l'effet du péché d'origine, un aveugle-né, dont les yeux sont fermés à la lumière surnaturelle : l'ancienne liturgie donnait au baptême le nom d'illumination. Ce tableau paraît donc signifier le sacrement qui guérit l'homme de la cécité spirituelle. Tout à côté on en voit un autre qui retrace la guérison du paralytique. Il doit se rapporter au sacrement de pénitence ; car c'est à l'occasion de ce miracle que le Sauveur a déclaré que le pouvoir de remettre les péchés lui appartenait. Plus loin, le miracle de la multiplication des pains : tous les Pères y ont vu une figure de l'Eucharistie. On a retrouvé, dans un autre compartiment, un type qui est assez rare : un personnage est assis sur un siége qui s'élève au-dessus de cinq gradins ; à côté de lui, à droite et à gauche, deux hommes qui semblent être ses acolytes. Il tient un livre de la main gauche, et il pose sa main droite sur le front d'un jeune homme. On a cru y voir le rit de l'ordination. Remarquons enfin l'image de Moïse faisant jaillir l'eau du rocher. Ce genre de tableau, qui s'offre souvent aux regards dans les chambres sépulcrales et dans les chapelles, représente le législateur des Hébreux tantôt avec le costume oriental, tantôt avec la tunique romaine. Cette singularité s'explique aisément : dans quelques-unes de ces peintures, il était le symbole d'un autre personnage, comme le prouve un médaillon en verre, trouvé dans un de ces anciens tombeaux, où nous lisons, à côté de l'image de Moïse, ce nom : *Petrus, Pierre.* Le chef de l'ancien peuple de Dieu était donc considéré comme la figure de celui qui a été établi le chef du nouveau peuple, le suprême pasteur de l'Eglise.

On a trouvé aussi dans ces catacombes des incriptions intéressantes. Nous en citerons deux, parce qu'elles peuvent nous donner une idée de la multitude des martyrs qui ont eu leur sépulture dans ce souterrain. Voici la première, qui est accompagnée de deux palmes et d'une couronne :

« Marcella et cinq cent cinquante martyrs du « Christ (1). »

Dans un autre endroit, marqué aussi d'une palme, on a lu ces mots :

« Ruffin et des martyrs du Christ, cent cinquante mar- « tyrs du Christ (2). »

A l'entrée d'une autre galerie sépulcrale, un ange tenait une couronne et des palmes pour vingt-cinq martyrs dont elle possédait les tombes.

Dans ces trois endroits, les palmes étaient comme une enseigne, placée à l'entrée des galeries et des cryptes où dormaient plusieurs rangs de martyrs ; elles couronnaient ainsi tous ces tombeaux, et dispensaient de répéter ce signe sur chacun d'eux, à peu près comme, dans une bibliothèque, on n'inscrit pas, au-dessus de chaque volume, le titre commun, qui domine le rayon où ces livres sont rangés.

Les richesses que renfermait le cimetière de Saint Hermès n'ont été explorées que successivement. Il lui est arrivé ce qui a eu lieu pour beaucoup d'autres catacombes

______

(1) MARCELLA ET CHRISTI MARTYRES CCCCCL.
(2) RVFFINVS ET CHRISTI MARTYRES CL. MARTYRES CHRISTI.

qui n'ont pas révélé d'abord tous leurs secrets, ni même tous leurs recoins. Nous avons déjà remarqué qu'à l'époque des persécutions les chrétiens avaient souvent fermé une galerie, où il n'y avait plus de places pour les sépulcres, avec les déblais qui provenaient de galeries nouvellement construites, et qu'il n'eut pas été facile de transporter hors des catacombes. Cette opération, matériellement utile, avait de plus l'avantage de pourvoir à la sureté des sépultures, dans le cas, qui s'est produit quelquefois, où une troupe de payens aurait fait irruption dans le souterrain sacré. On sait d'ailleurs que des éboulements ont encombré plusieurs parties de ces excavations, pendant cette longue suite de siècles qui ont pesé sur les catacombes. Il est résulté de ces diverses circonstances que sur beaucoup de points le passage s'est trouvé intercepté. Les travaux exécutés, dans l'époque moderne, pour déblayer les voies sépulcrales ne sont pas encore achevés, et il se passera sans doute encore bien du temps avant qu'on ait pu pénétrer dans toutes les rues de cette Rome souterraine. On a fait de nos jours de précieuses découvertes dans quelques parties du cimetière dont nous venons de parler. C'est là qu'on a trouvé, il y a environ dix ans, avec son épitaphe et sa fiole de sang, le corps de sainte Theudosie, qui, grâce aux démarches de Monseigneur l'Evêque d'Amiens, revient dans sa patrie qu'elle a quittée il y a plus de quinze siècles. Cette martyre, Amiénoise et Romaine, établit désormais des rapports et une sorte de fraternité entre les étroites galeries du souterrain de saint Hermès, et les grands arceaux du temple où les reliques de saint Firmin reposent : la cathédrale est héritière de la catacombe.

III.

SAINTE THEUDOSIE.

L'histoire se tait sur une foule de martyrs retrouvés dans les souterrains antiques. La pierre de leur tombeau est sans date : les écrivains du temps ne les nomment pas. Pour avoir l'honneur d'être martyr, il n'était pas nécessaire d'être un personnage historique. Il est vrai que les *Actes* rédigés à cette époque ont souvent illustré des noms obscurs. Les plébéïens, qui mouraient pour la foi, deve-naient les nobles de l'Eglise (1). Ses fastes rapportent les actions, les mots d'une servante, d'un cabaretier avec plus de soin et surtout avec plus d'amour que les his-historiens de Rome n'en mettaient à raconter les exploits des maîtres du monde. Mais on sait qu'un grand nombre de ces documents si précieux ont été détruits, vers le commencement du quatrième siècle, dans la persécution de Dioclétien, et plus tard, à l'époque de l'invasion des barbares. De là, bien des martyrs sans histoire : on ne connaît d'eux que leur sang répandu.

Nous n'avons aucun monument historique qui renferme quelques détails sur sainte Theudosie. Les anciens mar-tyrologes romains et gallicans n'ont pas recueilli son nom, pas plus qu'ils ne font mention de beaucoup d'autres martyrs que les fouilles modernes ont fait découvrir dans

(1) Cum majores nostri Plebeiis et Cathecumenis martyrium conse-cutis tantùm honoris pro veneratione martyrii ipsius dederint, ut de eorum passionibus multa, aut, propè dixerim, pene auncta cons-cripserint, etc.

(*Vie de S. Cyprien* par son Diacre Pontius, p. II.)

les catacombes. Les annalistes Picards ne pouvaient deviner sa tombe enfouie au fond d'un souterrain de la voie Salare. On ne saurait déterminer avec certitude l'année de son martyre dans le cours de cette période de trois siècles, où les flots du sang chrétien se mêlèrent presque sans interruption, sous les murs de Rome, au sang divin qui descendait du Calvaire. Mais les archéologues romains les plus distingués pensent qu'elle a souffert très-probablement sous le règne de l'empereur Valérien ou sous celui d'Aurélien, c'est-à-dire entre les années 253 et 275. Leur opinion est fondée sur un genre d'indices, dont ils ont assez fréquemment l'occasion de faire usage. On a trouvé, de distance en distance, dans les catacombes, des monuments qui fixent une époque précise. Tantôt ce sont des monnaies, qui avaient été renfermées dans les sépulcres, et qui portent une date consulaire. Tantôt cette date est fournie par des épitaphes ; d'autres fois l'époque est indiquée par le nom d'un martyr, dont l'histoire a parlé en marquant l'année de sa mort. Appuyés sur de pareils indices, les antiquaires romains jugent que la partie des catacombes, où sainte Theudosie a été trouvée, est garnie de tombeaux qui ont été construits pendant la première partie de la seconde moitié du troisième siècle. Comme les grandes persécutions de cette époque ont eu lieu sous Valérien et sous Aurélien, ces observations combinées permettent de rapporter, avec une très-grande vraisemblance, à cette date la vie et la mort de notre sainte martyre. Elle appartient, suivant cette donnée, à cette glorieuse période, où les Agathe, les Lucie, les Cyriaque, les Colombe et tant d'autres chrétiennes héroïques , ont illustré les principales villes de l'empire romain. L'Eglise d'Amiens a retrouvé son étoile dans cette constellation , quoiqu'elle soit encore voilée, à quelque égard, par un nuage.

Mais, à défaut de renseignements plus explicites, les indications renfermées dans son épitaphe peuvent jeter quelque lumière à travers l'obscurité qui recouvre son histoire. Cette épitaphe, étudiée par les hommes les plus versés dans la connaissance des inscriptions chrétiennes des premiers siècles, leur présentera, nous l'espérons, des particularités significatives, imperceptibles, à la première vue, pour ceux qui ne sont pas initiés aux mystères de l'épigraphie. En attendant, nous nous bornerons à quelques remarques très-simples, qui sont loin d'exiger de savantes recherches.

Remarquons d'abord qu'on se servait de diverses matières pour fermer les sépulcres des catacombes. La brique, la pierre, le marbre y étaient employés. Les familles que leur rang élevait au-dessus des classes inférieures de la société ne choisissaient pas, pour la sépulture de leurs proches, des fragments de pierre commune ou de mauvaise qualité. L'épitaphe de sainte Theudosie est gravée sur un beau marbre. A cet égard, sa tombe se distingue des sépultures vulgaires.

De plus, les épitaphes peuvent se diviser en deux classes sous le rapport des caractères dont elles sont composées. Il y en a beaucoup qui sont assez mal faites. Les lettres sont grossièrement tracées, déformées, mal alignées; les fautes d'orthographe y sont fréquentes. Cela ne doit pas étonner : souvent de pauvres chrétiens, qui tenaient à faire graver un nom sur une tombe qui leur était chère, s'adressaient pour cela à de simples fossoyeurs, plus habiles à manier la pioche qu'à tracer des caractères. D'autres inscriptions, au contraire, comme celle de sainte Theudosie, sont exemptes de ces défauts. La forme des lettres, leur régularité, leur beauté annoncent une épitaphe soignée.

Le sens de cette épitaphe est encore bien plus remarquable que sa forme.

AVRELIAE· THEVDOSIAE·
BENIGNISSIMAE· ET
INCOMPARABILI· FEMINAE
· AVRELIVS· OPTATVS
CONJVGI· INNOCENTISSIMAE·
DEPOS. PR. KAL· DEC·
NAT· AMBIANA·
B M F   *(bene merenti fecit)*

A AURELIE· THEUDOSIE·
TRES BENIGNE· ET
INCOMPARABLE· FEMME
· AURELIUS· OPTATUS
A SON EPOUSE· TRES INNOCENTE
DEPOSEE LA VEILLE DES KALENDES DE DECEMBRE
NEE AMIENOISE
IL A FAIT *(cette épitaphe à elle)* BIEN MERITANTE.

Nous dirons d'abord un mot du mari de la sainte, Aurélius Optatus, qui a fait faire l'épitaphe. Le second de ces deux noms, moins célèbre que le premier, était néanmoins très connu : on peut consulter à ce sujet l'*Onomasticon Romain*. On a trouvé une ancienne inscription en l'honneur d'un Optatus, qui avait été revêtu de hautes dignités, qui avait exercé des fonctions importantes, parmi lesquelles nous remarquons celle du Curateur de cette même *voie Salare* (1), près de laquelle est situé le cimetière de Saint Hermès où l'on a découvert la tombe de sainte Theudosie. Le nom d'Optatus figure aussi dans les annales des premiers temps du christianisme. Le poète chrétien du quatrième siècle, Prudence nomme un Optatus parmi les martyrs de Sarragosse dans la persécution de Dioclétien (2). Saint Optatus, évêque de Mileve en Numidie, s'est distingué par ses écrits. Saint Augustin fait mention de plusieurs autres personnages du même nom (3). Les catacombes romaines de Sainte Cyriaque sur la voie Tiburtine, illustrées par la tombe de saint Laurent, un des plus grands martyrs de la foi et de la charité, ont fourni l'épitaphe suivante :

QU'OPTATUS REPOSE EN PAIX

Et plus bas :

OPTATUS ET RENATUS (4).

(1)
    L. RANIO OPTATO. C. V. COS.
    CVRATORI REIP. MEDIOLANENSIUM.

. . . . . .

    CVRATORI VIÆ SALARIÆ.

(2)
    Ergo ter senis sacra candidatis
    Dives Optato simul et Luperco
    Perge conscriptum tibimet senatum
    Pangere psalmìs.
    (*Aurelius Prudentius, de martyr. CæsarAugust.*)

(3) Lib. 3 contr. *Crescon.* cap. 53 et 56.—Lib. 2 contr. *Petilian.* c. 92.

(4)
    OPTATVS IN PACE REQVIESCAT
    OPTATVS ET RENATVS.

Le nom d'Aurélie se lit aussi dans les inscriptions des catacombes. Dans plusieurs de ces épitaphes que nous avons sous les yeux, il est suivi d'un autre nom (1). Celle que nous citons ici peut servir de terme de comparaison avec l'épitaphe de la sainte amiénoise :

VISIVS SABINUS
A AURELIE DISCOLIE
SA FEMME TRES DOUCE
QUI ..... A VECU TRENTE
ET UN AN, ONZE MOIS, VINGT
JOURS. ELLE A PASSE AVEC
SON EPOUX TREIZE ANS.
DEPOSEE LE DIX DES
KALENDES D'AOUT EN PAIX (2).

D'après ces indications et plusieurs autres qu'il serait aisé d'y ajouter, le nom d'Aurélie doit être celui que notre sainte a reçu en se mariant : elle a pris le nom de son époux, modifié par une terminaison féminine, suivant

(1) AVRELIA AVGVRINA HIC EST. (*Epit. des catac. âe Ste. Agnès.*) AVRELIVS. FELIX. FECIT AVRELIE SABBATIE. QVE VIXIT etc. (*Cim. de Cal.*)

(2)   VISIVS SABINVS
AVRELIÆ DISCO
LIÆ CONJVGI DVL
CISSIMÆ QVÆ VI
ATI ANN. XXXI ET MEN
SES XI DIES XX QVÆ
FECIT CVM COMPARE SVO
ANNIS XIII
D X KAL
AUG IN PA.

l'usage des Romains. L'autre nom doit être son nom de famille. Quoique les noms propres inscrits sur les pierres sépulcrales soient presque tous des noms latins, ou des noms grecs latinisés, on en rencontre de temps en temps quelques-uns dont la forme latine laisse entrevoir une origine différente, comme, par exemple, ce nom de femme, *Austernigrosa*, que nous lisons dans une épitaphe extraite des catacombes de Sainte Agnès (1). Tel est surtout celui de Theudosie. Le martyrologe romain ne contient, dans sa longue nomenclature, qu'un seul nom qui ressemble, par sa partie la plus saillante, à celui de notre sainte. C'est sainte *Theusetta*, martyrisée avec son fils Horrès : ce mot renferme une racine étrangère. La première moitié du mot Theudosie, la syllabe *Theu* ou *Theud*, commençant un nom propre, appartient à une autre famille de langues. Dans le pays où la langue des Romains était parlée par une classe de la société, cette syllabe à subi de temps en temps une transformation grécolatine, comme on le voit par le nom de *Theudisèle*, treizième roi des Visigoths, dont on a fait *Théodisèle*. En général, elle décèle une origine gauloise ou germaine. Elle a dû caractériser plusieurs des noms personnels usités dans la Gaule-Belgique, dont le territoire d'Amiens faisait partie, et qui était voisine de la Germanie. Seulement les Romains ont donné au nom de notre sainte une forme latine, comme ils le faisaient pour tous les mots étrangers qui passaient dans leur langue.

(1) AUSTERNIGROSE COJVGI IN PACE.

Nous avons donc son nom propre, non pas tout-à-fait tel que le prononçaient de son temps les habitants d'Amiens, mais cependant véritablement amiénois dans sa partie principale.

Les mots qui expriment les belles et douces vertus de sainte Theudosie sont semblables ou analogues à des formules qu'on retrouve dans plusieurs inscriptions, que des maris avaient fait tracer sur la tombe de leurs femmes, ou des parents sur celle de leurs filles. Elles contiennent aussi les mots d'*innocente*, de *bénigne*, d'*incomparable* (1). Les courts éloges, que renferme l'épitaphe de la sainte amiénoise, ont le cachet des inscriptions antiques.

Nous apprenons, par son épitaphe, qu'elle a été déposée dans sa tombe la veille des calendes de décembre, c'est-à-dire, le dernier jour de novembre. Cette date permet de faire un rapprochement qui ne manque pas d'intérêt. Voici ce qu'on lit dans le martyrologe romain du 2 décembre :

« A Rome, passion des saints martyrs, Eusèbe, prêtre,
« Marcel, diacre, Hippolyte, Maxime, Adrie, Pauline,
« Neon, Marie, Martane, et Aurélie, qui ont consommé
« leur martyre sous le juge Secundien pendant la persé-
« cution de Valérien.

Baronius a joint à ce passage la note suivante : « Les

---

(1) Gaudentia in quâ fuit inimitabilis castitas, improbissima verecundia, incomparabilis innocentia. (*Tirée du Cimetière Vatican.*)

Attiliæ januarie innocentissime (*Cimet. de Ste. Cyriaque.*)

Miræ industriæ et bonitatis (*Cimet. de Ste. Agnès.*)

Paula, dulcis, benigna, gratiosa. (*Basil. de S. Paul.*)

« actes de ces martyrs existent dans un ancien manus-
« crit de l'église de Sainte Marie-des-Martyrs à Rome.
« Ces actes sont légitimes, ils indiquent le jour et les
« consuls... On fait mémoire de ces martyrs le même jour,
« bien qu'ils aient souffert à des jours différents. Les
« saintes reliques d'Hippolyte, d'Adrie, de Marie, de
« Neon et de Pauline, sont conservées, à Rome, dans
« l'église de Sainte Agathe *in suburra*, comme le prou-
« vent les antiques monuments de cette église. »

Ces renseignements nous suggèrent quelques observations. D'abord, nous retrouvons dans le passage du martyrologe le nom latin de la martyre amiénoise, celui de
ses deux noms avec lequel les Romains étaient le plus fa-
miliarisés. En second lieu, l'Aurélie du martyrologe est
morte sous Valérien; nous avons vu que, suivant les archéologues romains, le martyre de la notre doit apparte-
nir à la même époque. Remarquons de plus que les saints,
dont nous venons de lire les noms, ne sont pas tous
morts le même jour, et que par conséquent plusieurs d'entre eux ont dû consommer leur sacrifice à des jours très
rapprochés de celui où l'on a fixé leur mémoire : ce qui
permet presque de confondre la date du 2 décembre,
inscrite dans le catalogue cfficiel, avec celle du dernier
jour de novembre donnée par l'épitaphe de l'Aurélie
amiénoise. Enfin on sait dans quelle église de Rome ont
été transportées à une époque très ancienne les reliques
des femmes martyres nommées dans le texte que nous
venons de citer, excepté deux seulement, Martane et Aurélie. Cette exception paraît indiquer que les reliques de
celles-ci n'avaient pas été découvertes et recueillies à

cette époque , et qu'elles étaient restées dans quelques recoins des catacombes, en attendant le jour où il plairaît à Dieu de les manifester.

Il nous semble difficile de ne pas être frappé, à quelque dégré, des corrélations qui existent entre les renseignements que fournit le martyologe, et les particularités qui caractérisent l'invention du corps de sainte Theudosie Nous ne donnons tout ceci que comme une conjecture : mais elle ne paraît pas dénuée de probabilité, et il est très possible que l'on en trouve plus tard la confirmation, si le manuscrit dont parle le savant cardinal existe encore dans les archives romaines. Ces données ne sont pas sans prix malgré leur incertitude. L'Eglise d'Amiens doit épier en quelque sorte tout ce qui pourrait lui fournir quelque indice sur son antique patrone, comme une famille, qui a une belle histoire , recueille avec intérêt les plus faibles lueurs sur la vie ou la mort de ses premiers ancêtres.

Telle est en effet pour nous sainte Theudosie. Les derniers mots de son épitaphe , NAT. AMBIANA , née *Amiénoise*, qui font de l'inscription de sa tombe son certificat de naissance, seraient intéressants pour cette ville, lors même qu'on ferait abstraction de toute idée de sainteté. Le nom de *Theudosia*, écrit sur un sépulcre des catacombes chrétiennes de Rome, et celui de *Modesta*, dont l'antique épitaphe a été découverte dans un quartier d'Amiens où les fouilles ont rendu des urnes payennes, sont, on peut le croire, les plus anciens noms de femme amiénoise que des monuments nous aient conservés. Le siècle de notre martyre touche à l'époque qui forme, dans le passé de ce pays, la limite entre les dernières ombres des temps fabuleux et les premières réalités de l'histoire.

Du reste, il n'y a pas lieu de s'étonner qu'une Amiénoise du troisième siècle ait fait un mariage qui l'a conduite dans la capitale de l'empire. Amiens était une ville importante, le chef-lieu d'un district des Gaules, un centre d'administration civile et militaire. Des fonctionnaires romains devaient y avoir leur résidence, ou y séjourner de temps en temps. Il est permis de conjecturer qu'Aurelius Optatus y occupait un poste distingué, si l'on doit croire, d'après quelques particularités signalées tout à l'heure, que sa position sociale l'élevait au-dessus du vulgaire. C'était peut-être un officier romain en garnison dans cette ville, dont les casernes ont logé, dans le siècle suivant, le jeune soldat de la Pannonie qui est devenu saint Martin. En se rendant à Rome, Aurelius a mené avec lui sa femme, sans prévoir qu'il la menait au martyre, et, après l'avoir perdue, il a tenu à inscrire, sur le tombeau de son héroïque compagne, le nom de la ville lointaine qui la lui avait donnée.

Cette indication est d'autant plus précieuse pour nous, qu'elle forme une exception heureuse dans le style lapidaire des premiers siècles. En général, les épitaphes ne marquaient pas le lieu de naissance. Quelques-unes, il est vrai, désignent la nation. Ainsi nous savons, par une inscription tumulaire tirée des catacombes de Sainte Agnès, qu'un Gordianus, nonce des Gaules, a été martyrisé à Rome avec toute sa famille, et que sa servante

Théophila lui a fait faire cette épitaphe (1). Une autre inscription, trouvée dans un des cimetières souterrains de la voie Nomentane, nous apprend qu'un frère et une sœur, Remus et Archontia, bien qu'ils eussent, le premier un nom latin, l'autre un nom grec, étaient Gaulois d'origine (2). Mais une indication plus précise du lieu où un chrétien avait reçu le jour a été rarement consignée sur la pierre de sa tombe : dans le langage liturgique de l'Eglise, son vrai lieu de naissance était celui où il était né, par une sainte mort, à la vraie vie. Il paraît qu'avant la découverte de notre Theudosie, on ne citait guères que l'épitaphe d'une sainte de Nicomédie qui présentât cette particulaiité. Deux généreuses femmes, parties l'une de l'Orient, l'autre de la Gaule-Belgique qui touchait aux frontières occidentales du monde romain, se sont rencontrées dans ce privilége unique, que le nom de leur ville est sorti, après quinze ou seize siècles, des catacombes de la ville éternelle. Que sont devenues les reliques de la sainte de Nicomédie? Nous l'ignorons. Mais, à moins qu'elles n'aient été transportées et conservées jusqu'à nos jours, ce qui n'est guères probable, dans leur pays soumis au joug des Ottomans, Amiens sera, suivant toute apparence la seule ville du monde, Rome exceptée, qui possède un corps saint, extrait des catacombes, dont on sache avec certitude qu'il a retrouvé un jeune sépulcre dans son antique berceau.

(1) Gordianus Galliæ nuncius jugulatus pro fide cum familiâ tota qniescunt in pace. Theophila ancilla fecit.

(2) Epitaphium Remi et Archontiæ, qui natioue Galla germani fratres adulti unâ die mortui et pariter tumulati sunt.

IV.

SOLENNITÉ DE SAINTE THEUDOSIE.

Voilà ce que les limites d'une simple notice nous permettent de dire sur la sainte martyre à laquelle l'Eglise et la ville d'Amiens préparent une réception triomphale. La cerémonie est fixée au douze octobre prochain. Une députation ira chercher les précieuses reliques à Paris, et les accompagnera jusqu'à Saint Acheul, où elles seront déposées sur le tombeau de saint Firmin, l'apôtre de la Picardie. Le lendemain elles seront placées sur une espèce de trône portatif, qui remplacera les anciens chars de triomphe : une procession, où se déployera toute la pompe du catholicisme, les conduira, en traversant toutes les paroisses, à la cathédrale Des cardinaux, un grand nombre d'évêques, le clergé diocésain presque tout entier, des ecclésiastiques représentant plusieurs autres églises voisines ou éloignées, des fidèles accourus de tous les points de la province pour se joindre à ceux de la ville, formeront le cortége de cette glorieuse patrone, en même temps qu'on portera devant elle les principales reliques du diocèse, les restes mortels de tant de saints qui sont ses frères dans le ciel, ses concitoyens sur la terre. Le catholicisme n'appelle pas seulement les vivants à ses solennités, il fait aussi une convocation dans les régions de la mort. Ces invités de la tombe, loin d'attrister la fête, lui donnent ce sans quoi toutes les joies humaines sont tristes, une échappée de vue vers la fête éternelle et une apparition de l'immortalité.

Nous sommes sûrs que les habitants d'Amiens sentiront profondément tout ce que l'arrivée de sainte Theudosie aura de majestueux et de touchant, pour eux surtout. En entrant dans les murs de la ville moderne, en traversant ses rues, cette Amiénoise de la ville antique, cette Romaine des catacombes, transportera tout d'un coup leurs pensées au berceau de leur foi, et leur donnera, en plein dix-neuvième siècle, comme une vision des anciens jours. Le nom de sainte Theudosie s'unira à celui de saint Firmin dans les émotions de leur piété, comme il lui est uni dans les souvenirs de l'histoire. Elle est sa contemporaine, elle a répandu son sang pour Dieu dans le même siècle où il a versé le sien. Si, comme on est fondé à le croire, elle a reçu la couronne dans la persécution de Valérien ou d'Aurélien, cette enfant de la ville d'Amiens en a précédé l'apôtre sur la route de la foi et sur celle du martyre. Y a-t-il eu alors dans cette ville, comme cela et arrivé dans tant d'autres lieux, quelques rares fidèles avant qu'une église nombreuse s'y formât à la voix d'un homme apostolique? Theudosie était-elle issue de parents déjà chrétiens? a-t-elle embrassé la croix de Jésus-Christ avant ou après son mariage, sur les rives de la Somme ou sur celles du Tibre? Nul ne peut le dire ; mais ce que nous savons, c'est qu'elle a été une des premières femmes chrétiennes de ce pays, la première peut-être. Les annales de notre Eglise commencent par son épitaphe : la fiole de son martyre ouvre la série de nos antiquités sacrées. Les habitants d'Amiens ne se connaissent pas de compatriote plus ancien dans la céleste patrie. Elle est devenue leur protectrice, dès le jour où elle a uni le berceau de notre

Eglise naissante au tombeau de saint Pierre par la communion du sang. Elle a fait alors ce que faisaient tant d'autres chrétiens qui mouraient aussi pour la foi. Elle a offert sa vie pour son pays, pour sa ville encore assise dans les ombres de la mort. Elle a fait monter vers Dieu cette voix du sacrifice, cette prière sanglante qui, lorsqu'il le faut, suscite des apôtres et obtient des martyrs. S'il nous était donné de découvrir toute l'efficacité de la prière, si l'action à distance, que cette merveilleuse force d'attraction exerce dans le monde spirituel, se dévoilait à nos yeux dans tous ses effets, nous verrions sans doute que nous devons, en partie du moins, saint Firmin à sainte Theudosie, l'apôtre à la martyre, le libérateur à la victime. Dieu avait attaché à une de ses larmes peut-être cette impulsion secrète, cette invisible mission qui a transporté, des montagnes de l'Ibérie aux portes d'Amiens, celui de qui nos ancêtres ont reçu la foi qu'il nous ont transmise. C'est la mort de cette femme qui nous a envoyé quelques années plus tard la lumière et la vie.

La providence a permis que celle qui a eu la première place parmi nos célestes protecteurs, gardât pour nous un incognito de plus de quinze siècles. Dans cet espace de temps, les pas des visiteurs ont foulé souvent les sentiers du souterrain où elle avait été déposée. Des excavations ont été pratiquées dans les environs de son tombeau, par cette bêche intelligente qui a fait tant de découvertes. Les flambeaux nocturnes, qui éclairaient les travaux des catacombes, n'ont pas révélé aux fossoyeurs un seul indice qui leur inspirât la pensée de tenter quelques fouilles dans cette direction. La curiosité, la piété, la science, ont passé et repassé à quelques toises de son monument. La Providence avait ordonné aux déblais antiques , aux éboulements , aux recoins mystérieux, à la nuit des siècles, de veiller à l'invisibilité de ce tombeau. Si le corps de sainte Theudosie eut été trouvé du sixième au huitième siècle , il est plus que vraisemblable qu'il eut été donné à une des basiliques de Rome, comme cela est arrivé pour cette foule de reliques qui ont été tirées des catacombes à cette époque. Dans les trois derniers siècles, où la rareté des communications avec l'Italie et avec Rome nous eut probablement laissé ignorer cette découverte, il y aurait eu grande chance pour qu'il prit , sans se diriger vers nous, un de ces mille chemins qui vont porter des reliques romaines à tous les pays du monde. Dieu avait décidé que sainte Theudosie ne sortirait des catacombes que le jour où, par un heureux concours de circonstances, elle pourrait reprendre la route d'Amiens, malgré les détours qu'on lui a d'abord fait faire, malgré l'innocente jalousie de la piété et de la science qui ont retenu son corps dans une chapelle de Gênes, et son épitaphe dans un musée de Rome. Il avait pourvu d'avance, par un acte authentique, à la destination de ce dépôt sacré. Ce n'est pas en vain, qu'Aurelius Optatus a eu l'inspiration de faire graver sur la tombe de sa femme le nom de sa ville natale, par une exception presqu'unique à la règle suivie dans les inscriptions tumulaires : il a été comme le notaire providentiel qui a signé, au troisième siècle, le titre de la donation que la bonté divine voulait nous faire au dix neuvième, pour nous dédommager, par un don aussi précieux, de la perte de tant de reliques, ensevelies, il y a soixante ans, sous les ruines de l'Eglise.

Pourrions-nous croire que Dieu eut ainsi pris des sûretés en notre faveur, s'il n'avait pas attaché de grandes bénédictions au retour de la sainte martyre dans les lieux qui l'ont vu naître? Les grâces, que son sang répandu ont obtenues autrefois pour Amiens encore idolâtre, elle, veut, par sa résidence au milieu de nous, les continuer pour Amiens chrétien et fidèle. Elle ne se rapproche extérieurement de nous que pour nous rapprocher intérieurement de Dieu. Tout ce qui se passe dans le monde sensible n'est que l'ombre ou le relief de ce qui s'opère dans le monde des esprits. Cela est vrai surtout des démarches des saints, de leurs actions pendant leur vie et de leurs actions d'outre-tombe. Le voisinage qui va s'établir entre son cercueil et nos maisons, entre ses ossements immortels et nos corps qui mourront bientôt, est la figure et le gage d'une autre union, d'une union plus intime de sa puissance et de sa charité avec nos besoins et nos misères. Le Sauveur, parlant à ses disciples des voyages qu'ils auraient à faire pour remplir leur mission apostolique, leur disait : en quelque maison que vous entriez, dites d'abord : paix à cette maison, et s'il s'y trouve un fils de la paix, votre bénédiction reposera sur lui. L'apostolat des saints ne finit pas avec leur vie terrestre. Leur reliques ont aussi une mission, leur tombes voyagent, et en quelque lieu qu'elles s'arrêtent, elles y prêchent par leur présence même, elles les évangélisent par des grâces extraordinaires, et bien des âmes, qui s'en approchent avec foi et piété, y reçoivent comme le baptême d'une vie meilleure. Heureux donc le lieu où ils viennent demeurer , surtout lorsqu'en y entrant ils ne font que revenir dans leur première demeure. Amiens va être, dans l'ordre de la grâce, la grande maison de sainte Theudosie, à la place de la petite maison qu'elle y a jadis habitée. Elle était sortie d'ici vivante et faible, elle y revient morte et puissante. Elle en était partie pour mourir, elle y revient pour nous aider à bien vivre Elle dira en entrant : paix à cette ville ; sa bénédiction reposera sur nos têtes, sur nos cœurs. Il y aura un foyer d'émanations saintes dans le tombeau natal qu'elle s'est choisi parmi nous.

Préparons-lui donc une résidence digne d'elle. Ne négligeons rien de ce qui peut rendre la manifestation de nos sentiments plus éclatante. La piété, qui est la vie des cœurs catholiques, est un sentiment trop vif et trop profond pour ne pas chercher son expression publique, qui soit comme le langage de toutes les âmes. Tout est social dans le catholicisme, parce qu'il n'est lui-même que la cité des intelligences dont Jésus-Christ est le monarque, la société surnaturelle qui unit les uns aux autres, par les liens les plus étroits, ses citoyens sur la terre à leurs concitoyens dans le ciel. Pour honorer Dieu dans ses saints, l'Eglise a formé avec les cérémonies de son culte une parole magnifique. Elle fait servir ce qu'il y a de plus brillant dans les productions de la nature à glorifier le monde surnaturel. Elle convie tous les arts à être chacun, à sa manière, les chantres de la vertu. Elle se plaît, suivant la plus juste règle de proportion, à consacrer les choses les plus belles aux plus saintes choses. Telle est la pensée qui doit inspirer nos hommages envers sainte Theudosie. La demeure que nous lui préparons devra être d'autant plus qu'elle doit refléter les trois phases qui résument toute sa destinée. Amiens lui donna autrefois un berceau, Rome une tombe, le ciel une demeure : ce que nous lui donnerons tiendra à la fois du berceau et de la tombe, en figurant ce qui est au-delà. Le petit sépulcre si longtemps solitaire et inconnu, où elle gisait dans un coin des catacombes, va être remplacé, sous les voûtes de notre majestueuse cathédrale par un tombeau transfiguré, couronné de fleurs, de diamants, entouré des parfums de l'encens et de la piété, tout rayonnant de prières et de grâces. Mais ce cercueil sera aussi la transfiguration du berceau qui l'a reçue au premier jour de sa vie mortelle : il sera pour elle le berceau de l'immortalité, où ses ossements attendront la naissance de la résurrection, où, quand le grand jour sera venu, ils déposeront, suivant une expression des Saints Pères, les langes de la tombe. Voilà le second berceau qu'Amiens s'apprête à lui faire : la procession du 12 octobre l'y conduira.

Les sentiments qui animent les habitants de la ville de sainte Theudosie nous garantissent leur empressement à concourir à la fête de son retour. Ils comprendront qu'elle a un double caractère, qu'elle est à la fois une action de grâces et une expiation. Elle a pour but de glorifier la première apparition de la foi aux yeux de nos ancêtres, lorsque la lumière de l'Evangile se levait sur les Gaules, et d'effacer, par une réparation solennelle, ces jours néfastes du siècle dernier, où l'impiété, jetant aux vents la poussière des saints en même temps que tous les éléments

du corps social tombaient eux-mêmes en poussière, rem-
plaçait, dans les rues de nos villes, par des processions
hideuses, les pompes sacrées de la foi. Cette cérémonie
se rapporte aux deux extrémités de cette période chrétienne, comme elle correspond aux deux grands besoins
de l'âme chrétienne, l'expiation et la reconnaissance. Ces
sentiments communs aux fidèles de tous les diocèses sont
soutenus ici par des inspirations propres à ce pays. Cette
terre, si fertile en œuvres de charité et de dévouement, saura
produire aussi des palmes pour le triomphe de cette femme
courageuse, qui a inauguré, par son martyre, cet esprit de
sacrifice dont la tradition, conservée de siècle en siècle, est
toujours si vivante parmi nous. La ville, qui tient à honorer dans un de ses enfants la croisade du onzième siècle,
voudra célébrer dignement le nom de cette autre enfant
d'Amiens, inscrit, huit siècles auparavant, dans les fastes
de la première des croisades, de celle qui a planté la croix
au sommet du Capitole. Le génie chrétien de nos pères
nous a légué un temple, qui, par sa beauté presque sans
égale, est comme une solennité permanente au milieu
des pompes d'un jour qui passent à ses pieds : rattachons à
cette fête immobile la marche d'une autre belle fête qui lui
corresponde. Les souvenirs des aieux, les illustrations du
passé, la gloire monumentale de la ville, l'amour du pays,
se réunissent aux inspirations de la foi et de la piété pour
provoquer une démonstration religieuse et patriotique, qui
laissera une trace éclatante dans les annales de notre Eglise
et de notre cité. Du temps de nos pères, l'arrivée d'un saint
et surtout d'un saint du pays dans nos murs était fêtée
pendant plusieurs jours avec un pieux enthousiasme : nous

recommencerons les antiques solennités. Nous consolerons, par une vive image des anciens temps, les ruines de tant de monuments religieux qui prenaient part autrefois à ces joies saintes. Les arcs de triomphe , les tentures des maisons, les pavillons suspendus aux fenêtres, les fleurs sur le pavé des rues, seront comme la poséie sacrée de toute la ville. Mais la plus belle parure de cette fête sera la population elle-même. Son recueillement, son émotion, son attitude religieuse annonceront que la fête des rues n'est que l'emblême de la fête des cœurs. Toutes les classes de la société y apporteront et y trouveront de bonnes pensées. Les pauvres prieront celle qui s'est imposé pour Dieu toutes les privations, même celle de la vie, de leur obtenir les richesses de la patience chrétienne. Les riches lui demanderont humblement une grande aumône , l'intelligence des vrais biens. Le souvenir du courage qui l'a soutenue devant un tribunal inique , bien différent des nôtres , redira aux fonctionnaires publics, aux magistrats, que l'inflexible amour de la justice et de la vérité doit avoir son point d'appui dans la foi à la justice éternelle. Le soldat, dont le nom même de la gloire fait palpiter le cœur, aura une idée des triomphes que le christianisme donne ici-bas à ses héros, et qui font penser à une autre gloire. Des vieillards, des infirmes se feront porter sur le passage de cette tombe bienfaisante, comme à un rayon de soleil. La mère, en montrant du doigt à sa jeune famille la chasse de la sainte, lui dira qu'il y a là, à côté d'elle, un enfant qui a été trouvé dans son tombeau , et qui avait été peut-être martyrisé avec elle. Ces associations de généreux chrétiens si nombreux parmi nous, cette élite de femmes qui sont les sœurs laïques de la charité , les missionnaires de la piété au milieu du monde, ces chœurs de religieuses qui louent Dieu par leurs œuvres bien mieux encore que par leurs prières, et qui marchent, en chantant, sur la route du sacrifice, toutes ces âmes, en un mot, qui sont comme la famille de notre sainte martyre, qui sont issues de son dévouement, qui vivent, comme elle, de la foi, et qui sauraient mourir pour la foi comme elle, imploreront à genoux son assistance , pour obtenir une grande faveur : elles lui recommanderont le bien qu'il leur est accordé de faire. Elles lui demanderont, comme la meilleure des grâces, le bonheur de donner à Jésus-Christ dans les petits enfants qui lui sont si chers, dans ses amis les pauvres , dans tous ses membres souffrants , leurs soins, leurs pas, leurs fatigues, leur temps, comme elle lui a donné sa vie. C'est ce cortège de prières, de pieux désirs, de résolutions saintes qui fera la plus belle partie de sa solennité. Tout ce qu'il y a de bonnes pensées en nous doit aller à sa rencontre, tous les meilleurs sentiments de nos cœurs doivent former la haie sur son passage. Son retour ne serait une fête triomphale ni pour elle ni pour nous, s'il n'était pas surtout le triomphe de Dieu dans nos âmes.

L'Abbé Ph. GERBET.

Amiens, Imp. de Lenoel-Herouart, Imp.-Lib. de Mgr. l'Evêque, rue des Rabuissons.